A LA MÉMOIRE

DES

INNOCENTES VICTIMES

FUSILLÉES PAR LES HESSOIS

SUR

LA COMMUNE DE DAMPIERRE

(LOIRET.)

LES PRUSSIENS

A

DAMPIERRE-SUR-LOIRE

(LOIRET)

ET AUX ENVIRONS

PAR

LE FRÈRE LÉONTIN,
DE L'INSTITUT DES FRÈRES DE LA MENNAIS,
(DE PLOERMEL, EN BRETAGNE).

ORLEANS
IMPRIMERIE ERNEST COLAS
VIS-A-VIS DU MUSÉE.
—
1871

Ces notes, prises pour la plupart sous les yeux des Prussiens, ont été enregistrées jour par jour et quelquefois heure par heure, suivant la succession des faits. Elles se ressentent naturellement de la présence des ennemis et du peu de liberté d'esprit que laisse un si dur esclavage ; toutefois, dans leur rapidité, elles ont le mérite d'une complète exactitude, en ce qui concerne la localité, et c'est là tout ce que nous pouvions nous proposer.

Dans le principe, ce petit JOURNAL, tout privé, n'était nullement destiné à la publicité ; une copie tout au plus devait en être faite pour être déposée aux Archives de la Mairie comme souvenir historique de l'invasion prussienne dans la commune. Des hommes, dont le nom, l'autorité et le dévouement à la chose publique sont ma principale garantie et ma seule excuse, ont jugé que par suite de la longue occupation et des désastres sans nombre qui ont écrasé le Loiret, nulle commune ne devait se refuser à apporter sa page à l'histoire générale de la guerre dans ce département si cruellement éprouvé (1).

Je livre donc bien volontiers, sur leur avis, mes notes au public, tout en regrettant pour lui que cette modeste page sur l'occupation de Dampierre et des environs ne soit pas l'œuvre d'un main plus autorisée et plus habile que la mienne.

(1) Parmi ces noms, je dois citer M. Chambon-Dupré qui, le premier, a pris l'initiative d'un grand travail sur l'occupation prussienne dans le département.

Fr. LÉONTIN,
Secrétaire de la Mairie.

Dampierre, juin 1871.

LES
PRUSSIENS A DAMPIERRE

JOURNAL DE L'OCCUPATION

DU MERCREDI 7 DÉCEMBRE 1870 AU MARDI 7 MARS 1871

NOTE PRÉLIMINAIRE

Depuis quelques jours, par suite de la déroute du centre de l'armée de la Loire — 15e corps — et de la reprise inopinée d'Orléans, restée inexplicable aux esprits les plus judicieux, vingt ou trente mille hommes de l'aile droite sous les ordres du général Bonnet — 18e corps — battaient en retraite, malgré des succès réels remportés par eux dans les sanglantes affaires de Ladon, de Juranville, de Mézières-sous-Bellegarde et de Beaune-la-Rolande. Cette retraite s'effectuait sur Gien par le pont de Sully et la rive gauche de la Loire.

Le lundi 5 décembre, dans l'après-midi, le pont de Sully-sur-Loire ayant été coupé par ordre supérieur, à cause de la proximité de l'ennemi, toute la queue de l'armée fut rejetée sur la rive droite, et, pour se rendre à Gien, dut prendre forcément la route d'Ouzouer et de Dampierre.

Hélas! Dieu sait combien nous avons vu de ces malheureux traînards, et dans quel état de délabrement ils se trouvaient! — C'était navrant!

INVASION PRUSSIENNE

Mercredi 7 Décembre, 10 *heures* 1/2. — Un cavalier français arrive à la mairie de Dampierre au galop, à travers la foule des traînards; il somme d'évacuer immédiatement sur Gien tous les blessés et les malades transportables, annonce que les Prussiens sont à dix kilomètres, puis repart ventre à terre dans la direction de Gien.

11 *heures.* — Trois voitures du château sont réquisitionnées. Deux sont remplies de malades, et dans la troisième l'on charge les fusils des pompiers et des gardes nationaux avec toutes les munitions reçues de la sous-préfecture. La force ennemie semble telle qu'aucune résistance raisonnable n'est possible. Cent vingt-trois fusils sont expédiés.

Pendant ce temps, les Prussiens arrivent à Ouzouer-sur-Loire. Une vive fusillade s'engage entre l'avant-garde ennemie et une centaine de soldats français de toutes armes qui restaient en arrière. Nos soldats embusqués partout tirent des chambres, des greniers et même du clocher. Ils tuent les trois premiers Prussiens qui se présentent. Hommes et chevaux roulent dans la rue. D'autres sont blessés.

Au bruit de la fusillade, l'immense colonne prussienne qui suivait à deux kilomètres et dont les nôtres ignoraient l'arrivée, répondit par le canon. Aussitôt nos soldats déguerpissent, et se sauvent en avant avec les dépouilles de leurs victimes. Ils emportaient qui les bottes, qui les sabres, qui les casques. Ils arrivent à Dampierre couverts de sueur. Les uns se cachent, ne pouvant plus courir; les autres continuent sur Gien.

A midi et demi, les Prussiens entrent à Dampierre !

La tête de la colonne ennemie marche sur deux rangs, et tient les côtés de la route. Les soldats ont tous la baïonnette au canon et l'arme au poing, prêts à faire feu. Ils semblent menaçants. L'affaire d'Ouzouer les a irrités.

Des cavaliers s'écartent en éclaireurs à droite et à gauche; ils fouillent les plis et les replis de terrains, les fossés, les bois... et ramènent bientôt prisonniers une quarantaine de nos malheureux soldats que la fatigue a empêchés de fuir ou qui n'ont pu réussir à se cacher ! On brise leurs fusils, on les rassemble sur la route et nous avons la douleur de les voir diriger vers Orléans comme un vil troupeau que quelques hommes chasseraient sans pitié devant eux ! Parmi ces prisonniers, il en est qui n'ont plus de souliers, qui n'ont pas mangé depuis deux jours, qui tombent d'épuisement... Qu'importe ? Le Prussien les pousse du poing ou du fusil ; il faut marcher ! A ce douloureux spectacle chacun terrifié s'enferme chez soi. Les Prussiens passent désormais au plein de la route.

Infanterie, cavalerie, artillerie, tout est au grand complet. Cavalier ou fantassin, l'uniforme diffère assez peu, et sur le front de tous les casques à paratonnerre apparaît l'aigle prussienne avec les initiales FR. — C'est l'armée du prince Frédéric-Charles venant de Metz par Troyes, Sens, Nemours, Etampes et Orléans.

Ils se dirigent vers Gien.

Quoique nombreuse à Gien et capable, dit-on, de résister, l'armée française prend de nouveau le parti de se retirer sur la rive gauche. Quelques milliers d'hommes seulement se portent en avant à la rencontre des Prussiens. Un combat se livre au-dessus de Paillard, en face de Nevoy, à cinq kilomètres de Gien. Notre poignée de Français soutient bravement le feu jusqu'à la nuit, et favorise ainsi par son courage la retraite du reste de l'armée, l'évacuation de la ville et le passage du pont, lequel pont, comme tous les autres sur la Loire, sautera, demain matin, sous les yeux des ennemis.

Pendant ce temps, les troupes prussiennes s'échelonnent sur la ligne d'Orléans à Gien, et s'installent dans tous les villages. Dampierre, pour sa part, n'a pas moins de 15 à 20,000 hommes à loger.

La prise de possession prussienne est très-simple. En entrant, ils commencent par réclamer les armes; puis, un fourrier visite, de haut en bas, la maison, se fait ouvrir tout, examine tout, et, en sortant, marque à la craie sur la porte principale le nombre et le grade des soldats qui auront à s'y installer. En quelques minutes, les envahisseurs arrivent. Si les portes ne cèdent pas assez vite, ils les enfoncent; ils mettent bas leurs sacs et leurs fusils; vont chercher des litières de paille qu'ils entassent partout, sans distinction de pièces. Ils réclament de la *fleisch!* du *vine!* — surtout du *vine!* Si vous n'en avez pas, ils vont à la découverte chez les voisins. Bientôt ils rentrent avec des provisions qu'ils ont volées, qu'ils ont volées, Dieu sait où! et la cuisine commence. En un instant, vous voyez défiler: casserolles, cuillères, fourchettes, etc.; qui s'en vont à droite et à gauche... — C'est un pêle-mêle, un sens dessus dessous dont on n'a pas l'idée. Et tout cela est accompagné d'un sifflement narquois qui vous dit péremptoirement qu'à partir de ce moment vous n'êtes plus maître chez vous. Ne vous avisez pas de hasarder une observation ; l'ennemi est furieux, il augmenterait vos douleurs, et même votre vie pourrait être en danger Vous n'avez qu'à choisir : ou de vous blottir en silence dans un coin, et, de là, observer le commencement de votre ruine en essayant toutefois d'arracher ce que vous pourrez au naufrage, ou de leur abandonner votre maison et de vous en aller.

C'est ce dernier parti qu'à Dampierre quelques habitants ont cru devoir prendre, mais les résultats ont prouvé que ce n'était pas le meilleur. Pendant leur absence, leurs maisons et leurs meubles ont été dévalisés.

Jeudi 8 décembre. — Sur toute la ligne, le défilé recommence de bonne heure. Avant de partir de Dampierre, les prussiens enterrent quelques-uns de leurs morts tombés hier à Ouzouer. Ils sont au nombre de quatre. Après avoir eu d'abord, on ne sait trop pourquoi, la velléité de les *enfouir* dans le parc de M. de Béhague, conseiller général, dont ils occupaient le château, les chefs les conduisirent finalement au cimetière où ils leur assignèrent eux-mêmes une place isolée dans l'un des carrés réservés.

Chaque tombe est plantée d'une croix et porte une inscription. Voici, en entier, celle qui se trouve sur la tombe d'un jeune dragon tué à l'entrée d'Ouzouer et dont la perte a paru affecter tout particulièrement les soldats prussiens :

<blockquote>
Hier ruht in Gott der Avantageur von WEDEMAYER, vom. 2. Brandeburg: Dragoner, Rgt n° 12, gefallen am 7 december 1870.

Ici repose en Dieu de WEDEMAYER, de l'Université, Dragon du régiment de Brandebourg n° 12, tombé le 7 décembre 1870.
</blockquote>

Quinze de leurs blessés de Nevoy qu'ils avaient déposés pour la nuit chez les Sœurs, c'est-à-dire à l'hospice transformé en ambulance, sont repris et dirigés sur Orléans. On estime à près d'une quarantaine le nombre de soldats prussiens blessés dans les deux affaires d'hier. A Nevoy, on dit qu'ils auraient brûlé sur place leurs morts, qu'on suppose être de *vingt-quatre.* — Ce qu'il y a de certain, c'est que le soir même de l'affaire, devant M. le curé de Nevoy, les Prussiens n'accusaient qu'un seul mort. — Si le premier chiffre est exact, qu'on juge par là du cas qu'on peut faire de leurs déclarations. Du reste, partout on a remarqué le soin tout particulier qu'ils mettent à dissimuler leurs pertes (1).

De notre côté, nous aurions eu à Nevoy cinq ou six hommes couchés sur la neige par les balles prussiennes, et une quinzaine de blessés.

---

(1) L'idée que les Prussiens brûlaient une partie de leurs morts, est généralement très-accréditée parmi nos populations. — Mais rien n'a encore prouvé ce fait.

A partir de six heures du matin, de nouvelles troupes se succèdent constamment à Dampierre. Toutes les provisions qui pouvaient encore rester après un mois et demi de séjour continuel de l'armée française, furent épuisées, dès le premier jour, par nos envahisseurs, de sorte que, dans la suite, les nouveaux arrivants ne trouvèrent plus rien. A leur mille et une demandes, on n'oppose qu'une réponse : *nicht! nicht! nicht!* toujours *nicht!* Ce simpiternel refrain, qu'ils nous avaient eux-mêmes appris, ne leur plaît pas dans notre bouche ; ils s'emportent, croient qu'on refuse par hostilité ou que tout est caché ; ils font des menaces, ouvrent de force les meubles... Malheur à l'habitant qui a refusé, si, dans leurs perquisitions, ils parviennent à découvrir quelque chose !

Vers midi, la désolation est générale. Les difficultés viennent surtout de ce qu'on ne se comprend pas. Dans beaucoup de maisons on n'entend plus que cris et menaces ; des coups même sont donnés. Quelques familles se réfugient chez M. le Curé, chez les Frères, chez les Sœurs ; d'autres dans l'église, espérant s'y trouver plus en sûreté. Hélas ! ces asiles ne sont pas inviolables non plus pour messieurs les Prussiens : ils l'ont prouvé ailleurs. Toutefois la déférence marquée qu'ils paraissent montrer jusqu'ici pour tout ce qui est religieux, permet quelque espérance.

Le quartier-général est établi au château. Le général et son entourage ne se privent de rien. Vins, liqueurs, champagne, — *force champagne!* — tout est impérieusement réclamé. — Bien heureux est le château de M. de Béhague de se trouver représenté par des employés aussi intelligents que dévoués, car il paraît avéré que, sans eux, le château de Dampierre eût été, comme beaucoup d'autres, incendié !

On n'a pas la certitude que le prince Frédéric-Charles soit venu à Dampierre.

Vendredi 9 décembre. — Dans la soirée du jeudi, des ordres arrivent qui contrarient singulièrement l'ennemi. Au château, les officiers étaient à table, lorsqu'ils reçoivent ces dépêches. Une certaine inquiétude qu'ils ne peuvent dissimuler succède rapidement à la gaieté et aux extravagances qu'on avait remarquées jusque-là. Vite, ils rentrent dans leurs chambres, prennent leur équipement, et repartent effarés dans la direction d'Orléans.

Les troupes françaises avaient attaqué de ce côté ; l'on se battait à Beaugency.

Un mouvement en arrière est immédiatement ordonné. Tout le flot prussien qui avait passé sur Gien nous inonde de nouveau. Dampierre est comme englouti.

Dans le bourg, les difficultés, les cris, les coups, ne se calculent plus. Chacun s'en tire comme il peut. Beaucoup d'habitants se sauvent jusque dans la forêt.

Les hameaux et les fermes ne sont pas moins écrasés que le bourg. Peut-être même quelques-uns le sont-ils davantage, car, en ces endroits, l'œil du maître est tout-à-fait absent. A la Tabarderie, à Vaux, à Benne, aux Breuillois, aux Guérêts, à Marchais-Creux, et en bien d'autres endroits, il y a tel cultivateur ou fermier qui n'a pas moins de 200, 250 et même 300 Prussiens sur les bras!

Impossible de rapporter toutes les vexations et les déprédations qu'ils ont à subir. Leur blé, leur avoine, leur foin, leur paille, leurs vaches, leurs porcs, leurs poules — et combien de poules! — leur pain, leur linge, principalement les chemises et les couvertures, tout leur est impitoyablement arraché.

Rarement, ces bandes de pillards se laissent fléchir par les larmes et les supplications de leurs infortunées victimes. On dirait que tous ces Prussiens ont des cœurs de bronze, ou plutôt, qu'ils n'en ont point.

Voilà deux jours et demi, que l'on ne mange, pour ainsi dire pas, à Dampierre ; on ne trouve plus ni pain, ni viande. Les pommes de terre sont la seule ressource. Depuis le premier jour, la boulangerie est aux mains des Prussiens ; nul ne peut y pénétrer. Le boulanger lui-même, M. Géricot-Dufour, a dû s'enfuir pour échapper à ces monstres qui voulaient le fusiller. Les quatre morts de l'affaire d'Ouzouer avaient été déposés chez lui, la première nuit. Le casque de l'un d'eux y était resté tout troué et plein de sang. C'est là ce qui les mit en rage. Ils crurent tout de suite que le boulanger avait assassiné un des leurs.

Il est probable que, sans l'intervention de M. Pâris, curé de la paroisse, lequel, au moyen de quelques mots d'allemand, parvint à leur faire entendre la vérité, ces furieux eussent massacré le pauvre M. Géricot, pour l'hospitalité qu'il avait donnée à leurs morts.

Ce service rendu par M. le curé de Dampierre n'est pas le seul. La paroisse est unanime à proclamer que, dans ces jours terribles, lui seul a pu se faire entendre des autorités prussiennes, empêcher le pillage et l'incendie de plusieurs maisons, obtenir que bien des malheurs fussent épargnés au pays.

C'est un hommage que nous devons lui rendre ici avec Dampierre tout entier.

SAMEDI 10 DÉCEMBRE. — Le mouvement se continue toute la nuit. Les maisons regorgent de soldats. Plus de 900 ou 1000 voitures, destinées aux vivres, aux munitions et aux ambulances, sont arrêtées et parquées dans les immenses luzernières de M. de Béhague, qui s'étendent, vers Gien, des deux côtés de la route. Dix-huit pièces de canon de campagne avec quantité de caissons sont alignées devant l'école des Frères. Les canonniers et les conducteurs passent la nuit, près de leurs voitures et de leurs pièces. Un certain nombre d'autres soldats qui n'ont pu se loger dans les maisons, veillent également autour de grands feux. On n'entend plus que chants de bivouacs, piétinements de chevaux, et les sourds roulements des fourgons chargés, ou des pièces d'artillerie qui passent, de moment en moment, sur la route.

Quelle nuit affreuse !

Les « hourras » frénétiques des veilleurs, mêlés aux chœurs discordants des canonniers, produisent une musique étourdissante qui n'est, au fond, qu'une insulte de plus à notre malheur...

O Prussiens !

> Craignez, craignez que le ciel, quelque jour,
> Ne transporte chez vous les pleurs et la misère ;
> Et, mettant en nos mains par un juste retour
> Les armes dont se sert sa vengeance sévère,
>   Il ne vous fasse en sa colère
>   Nos esclaves à votre tour !
>
>   (PAYSAN DU DANUBE.)

Vers dix heures, les voitures et les canons arrêtés ici s'ébranlent et s'alignent à la suite des soldats. Le défilé va sans doute toucher à son terme.

Midi. — Erreur ! La route de Châtillon-sur-Loing et des Choux vomit à son tour une nouvelle armée !

Fantassins frais et vigoureux, cuirassiers brillants, lanciers innombrables dont les guidons blancs et noirs, parfois déchirés et encore rouges de sang, flottent dans l'air comme des crêpes sinistres; casques blancs, casques noirs... tout cela s'abat sur nos pays comme une nuée d'oiseaux de proie, d'espèce étrange et inconnue.

Malgré les nombreuses troupes françaises que nous avions vues sillonner nos campagnes, depuis que le Loiret est devenu le théatre de la guerre, l'imagination ne peut se défendre d'une certaine frayeur et le cœur des plus légitimes angoisses à la vue de cet interminable défilé de cavalerie, d'infanterie et d'artillerie prussiennes. La cavalerie surtout est d'un aspect formidable.

L'équipement de tous ces soldats ne laisse rien à désirer; le soin que leurs chefs prennent d'eux, il faut l'avouer, est remarquable L'autorité, le respect hiérarchique, l'ordre, la discipline sont intacts dans cette masse : elle marche comme un seul homme.

Beaux hommes, bonnes armes, vigoureux chevaux, provisions abondantes, tenue digne et convenable, rien ne choque, rien n'attriste que cette amère pensée: que tout cela c'est l'ennemi de la France!...

Pour quiconque a eu, comme nous, la douloureuse occasion de voir passer, sous ses yeux, les deux armées belligérantes, il ne doit plus y avoir d'illusion possible. Lorsque l'on a comparé la fatigue, et, il faut dire le mot, l'aspect misérable de nos soldats avec la fraîcheur, la tenue brillante de nos ennemis, la déception est complète, et le patriotisme en désarroi est obligé de s'avouer que nos gouvernants se trompaient, ou abusaient de notre crédulité, ils nous disaient, dans leurs bulletins et dans leurs journaux, que la Prusse succombait et que nous allions triompher.

Ces erreurs et ces forfanteries, font tout bonnement rire nos ennemis : et ce n'est pas là la moins pénible de nos immenses humiliations.

3 heures de l'après-midi. — Le défilé cesse, mais l'on n'est pas pour cela sans inquiétude. Des soldats de l'arrière-garde parcourent le bourg à la recherche de chevaux et de voitures. Or, tout ce qui a pu échapper en fait de chevaux et voitures, et le nombre, hélas! n'en est pas grand, a été caché dans la forêt. Leurs recherches sont donc infructueuses. De dépit, ils s'en prennent aux hommes et veulent les obliger à conduire les carrioles qu'ils ont amenées à Dampierre et qu'ils traînent après eux. C'est par trop fort! Nos hommes du bourg cherchent à s'en débarrasser, en se réfugiant au presbytère, et en se rassemblant en nombre suffisant pour défier toute violence. L'affaire réussit, et ces quelques Prussiens durent s'en aller comme ils étaient venus, — avec une victoire de moins toutefois!

4 heures. — Tout est parti. Dampierre est enfin évacué. Jamais peut-être on ne recouvra avec plus de joie sa liberté.

Depuis quatre jours, presque personne n'a ni mangé ni dormi.

Pour un grand nombre d'habitants, il n'y a eu d'autre nourriture, depuis mercredi, que des pommes de terre, ou les quelques vivres qu'ils ont pu reprendre à leur tour sur les voleurs prussiens. Ce genre de vol, ou mieux cette espèce de « conquête » (1) a pu être plus ou moins générale, mais de combien, hélas! les derniers voleurs n'étaient-ils pas encore les plus volés!

Quoi qu'il en soit, Dampierre est libre. C'est l'heure des généreux exemples et de la charité. M. de la Sorinière, maire, qui a tenu, par sa présence constante dans le bourg (2), à partager, en ces jours néfastes, toutes les souffrances physiques et morales d'une population qu'il administre depuis vingt-cinq ans, s'empresse de donner des ordres pour que chacun puisse obtenir un peu de pain. Il donne lui-même *dix* sacs de blé pour que personne n'en reste privé dans les jours qui vont suivre.

Bien que le soin de cette distribution ait été confié à M. le Curé et aux Frères, la population de Dampierre ne doit pas oublier que c'est jusqu'à M. le Maire que doit remonter sa reconnaissance.

---

(1) Ce qu'on prend à ses frères est *vol*, dit à ce sujet un vieux moraliste, mais ce qu'on enlève aux étrangers est *conquête*.

(2) Son château est à 5 kilomètres.

Dimanche 11 décembre. — Depuis hier, point de Prussiens. On profite de cette liberté pour faire ample provision de pain. Les cavaliers qui passent de Gien à Chateauneuf, et de Châteauneuf vers Gien, nous laissent à penser que notre tranquillité peut n'être pas longue.

Lundi 12. — Trois soldats français déguisés viennent à la mairie régulariser leurs pièces et leur position. Ils se trouvaient, le 7, au combat d'Ouzouer. Depuis ce jour, ils se sont retirés au Grand-Moulin, appartenant à M. de Béhague. Le meunier, après les avoir déguisés et « enfarinés », les a fait passer pour ses garçons meuniers, auprès de MM. les Prussiens avec lesquels ils ont passé trois jours et trois nuits, sans éveiller aucun soupçon. « Quant à moi, je ne dormais guère la nuit, disait un petit zouave à peine âgé de 18 ans, car à chaque instant il me prenait des envies rouges de tordre le cou aux deux gr... qui ronflaient à côté de moi. »

Ce petit zouave était parisien.

Mardi 13. — Un régiment de chevau-légers Bavarois passe et se rend à Gien.

Le colonel, baron de Leonrod, nommé gouverneur militaire pour l'arrondissement de Gien, s'arrête au passage pour demander que des hommes du pays l'accompagnent jusqu'au-delà des bois. Il craint que des francs-tireurs ne se rencontrent dans ces bois et ne fassent feu sur ses hommes, qui paraissent, en effet, peu disposés à se battre.

On lui donne quatre hommes qui reviennent au bout d'une heure. La raison de cette précaution, c'est qu'entre Ouzouer et les Bordes trois ou quatre paysans de Bouzy ont tiré sur eux.

Dans l'après-midi, nous recevons des détails sur le combat du 7 à Ouzouer-sur-Loire.

Le bourg a été canonné pendant une demi-heure. La tour de la nouvelle église paraît avoir été le point de mire de l'ennemi. Deux boulets l'ont traversée. Toutes les maisons aux alentours ont plus ou moins souffert. Des obus sont tombés sur l'église, sur l'hospice, etc; toute la toiture de la maison de M. Mareau, fils, est criblée, et l'une des cheminées est à moitié démolie.

A la suite de cette affaire, M. le curé doyen (1) a failli être tué par l'ennemi, et voici pourquoi :

Un des éclaireurs prussiens était tombé sous sa fenêtre. Après le coup de feu, M. le Curé, muni d'un drapeau d'ambulance s'avance dans la rue pour le relever et le faire transporter à l'hospice. Lorsque le fort de la colonne arrive, quelques soldats aperçoivent le cadavre horriblement mutilé. Le crâne était ouvert; des coups de bottes, de baïonnettes, etc., l'avaient complétement défiguré. A cette vue, ils sautent sur le bon Curé, le pressent, le renversent, et

(1) M. l'abbé Martin.

lui appliquent, en hurlant, la baïonnette sur la poitrine. Fort heureusement qu'au même moment arriva un chirurgien, qui, lui, entendait un peu le français. M. le Curé put s'expliquer et rentrer enfin chez lui ayant la vie sauve.

Mercredi 14. — Depuis hier au soir, le gouverneur bavarois occupe son poste. M. le Maire de Dampier lui écrit pour savoir si la circulation est autorisée et si les relations habituelles peuvent être reprises avec quelque sécurité.

Voici textuellement la réponse : elle est de la main même du colonel.

Monsieur le Maire de Dampierre,

« Votre circulation est tout à fait libre.
« Il ne faut pas d'autorisation.
« Les raports se feront côme (*sic*) autrefois.
« Il n'y aura pas de réquisitions jusqu'au moment
« où nous n'aurons plus rien à Gien, et même alors
« les réquisitions se feront par les mairies.

   « *Gien, le 15 décembre 1870.*
            « Baron de Leonrod, colonel. »
(Cachet de la Sous-Préfecture).

Jeudi 15 décembre. — Journée tranquille. On commence à reprendre son travail. Rassurés par la réponse d'hier, les habitants font rentrer dans les étables les quelques vaches qu'ils tenaient cachées depuis huit jours dans la forêt. Les chevaux, les moutons, les porcs rentrent également. On espère désormais être à l'abri de toutes les déprédations et de toutes les avanies passées. On compte sur un peu de calme après la tempête.

Mauvais calcul !

Les Français sont à Briare, les Bavarois ne sauraient rester à Gien.

5 heures du soir. — Les voici qui se replient.

5 heures 1/2. — La retraite s'accentue. Arrivent d'abord les ambulances et les vivres, avec une escorte d'une centaine d'hommes; puis, l'infanterie.

Ils fuient jusqu'à Ouzouer.

De quart d'heure en quart d'heure, de petits détachements de cavalerie arrivent et courent se réfugier au château. Ce manége dure jusqu'à la nuit.

Décidément ils ne sont pas fiers, les bavarois.

Pourquoi faut-il que les troupes françaises, qui viennent de les chasser de Gien, ne les aient pas poursuivis ?

Ils n'étaient pas, à Dampierre, plus de 250 ou 300; il eût été si facile, ce semble, de les cerner ! Fatigués de la guerre comme ils l'étaient, il est peu douteux qu'ils ne se fussent rendus à discrétion. Ils ne demandaient qu'à sauver les apparences.

Vendredi 16. — Au petit jour, des éclaireurs remontent vers Gien. Toute la matinée, ce ne sont qu'allées et venues. Leurs préoccupations sont patentes. Du renfort a été demandé. En attendant, nous sommes tellement resserrés dans Dampierre qu'on n'en peut plus sortir une fois entré.

M. le docteur de Faucamberge arrive de Gien en voiture pour visiter ses malades. On le laisse entrer sans difficulté; il parvient même à aller jusqu'à Ouzouer; mais à, il est tout là coup prévenu qu'il est prisonnier. On le soupçonnait d'espionnage au profit des troupes françaises. Impossible à lui de s'en retourner. Il est gardé quatre jours, après quoi il réussit à tromper ses gardes, à passer la Loire vers Châteauneuf et à rentrer à Gien par la rive gauche.

Dans l'après-midi, les Bavarois doublent leurs sentinelles, et multiplient les éclaireurs. Leur inquiétude finit par gagner la population. On dirait que la menace de nouveaux malheurs plane dans l'air.

Samedi 17. — Matinée calme, mais de ce calme lourd qui annonce l'orage.

Très-nombreux éclaireurs dans toutes les directions.

Midi. — Un cavalier revient bride abattue par la route de Gien. Des hommes du bourg croient avoir entendu des coups de fusil.

En dix minutes, une centaine de cavaliers sont réunis et se tiennent à l'entrée du village, les yeux vers Gien. Ils semblent interroger l'horizon avec anxiété. Le colonel est au milieu d'eux, une carte à la main. Ils s'assurent des routes, des moindres chemins de traverse. On discute, on paraît délibérer. Un second éclaireur survient. Immédiatement le colonel ordonne de former des barricades. En un tour de main, des pièces de bois, des voitures, des fascines, etc., sont entassées en travers de la route, et deux barricades se dressent à l'entrée du bourg, devant l'école des Frères. Les soldats se déploient en tirailleurs et s'embusquent derrière tout ce qui peut leur présenter un abri. C'en est fait, un combat va s'engager à Dampierre. L'école des garçons est envahie par les Bavarois; les fenêtres ne leur suffisent pas pour observer l'horizon, ils montent au grenier et enlèvent les tuiles de la couverture. Les Frères et leurs élèves sont obligées d'évacuer l'école. L'émotion gagne tout le monde. Sur la place, devant l'église, deux pièces de canon attendent, les caissons à côté; tous les chevaux sont dehors, sellés et bridés, prêts à partir pour le feu. Un troisième éclaireur arrive... Nouvelle alarme pour la population ! On déménage, on sauve son linge de peur d'incendie; les femmes, les enfants poussent des cris; on se met à la recherche des caves voûtées; on ne parle que de s'y réfugier : la panique devient indescriptible.

Pendant ce temps, les Bavarois sont là près de

leurs barricades, tremblant eux-mêmes, interrogeant toujours du regard le ciel et la terre, mais, comme sœur Anne, ne voyant rien venir.

Cela dura jusqu'à la nuit.

Le lendemain, nous apprenons qu'à Gien quelques mobiles qui s'y trouvaient, et que les éclaireurs bavarois avaient sans doute aperçus, s'étaient *barricadés* de leur côté dans la ville et attendaient fièrement l'ennemi à trois lieues de distance ! !...

Lundi 19 décembre. — Rien de nouveau. Du côté des Bavarois, les craintes durent toujours et les barricades aussi. Rien n'égale la gravité et la sévérité même avec laquelle les sentinelles défendent le passage. M. le Maire se présente pour se rendre chez les Frères; Il fallait franchir de quelques mètres les barricades, la sentinelle le renvoie au poste. Ce ne fut qu'après un débat de dix minutes que le caporal lui fit cette réponse: « Allez ! mais pas longtemps ! »

Qu'on juge du reste.

Le séjour prolongé de l'ennemi, surtout de la cavalerie, pèse de nouveau lourdement sur la population.

La misère recommence. Tout manque à la fois: plus de bois de chauffage, ils en brûlent tant ! plus de chandelles ni de bougies nulle part; même plus de sel ! Quant au vin et au cidre, tout est bu ou perdu. Ce n'est peut-être pas un mal qu'il n'y en ait plus, car, une fois qu'ils sont ivres, ces Allemands sont intraitables.

MARDI, 20. — La situation s'aggrave sensiblement. Comme les Bavarois sont très-mal approvisionnés, la faim les pousse à s'emparer du peu de pain qu'ils aperçoivent dans les maisons. Quoique beaucoup moins féroces et moins voleurs que les Prussiens, ils pillent dans quelques endroits, parce qu'on leur a refusé des vivres.

Cette provocation soulève une insurrection dans laquelle on ne voit figurer que des femmes. Elles repoussent énergiquement les pillards, et, à coups de balais, de pelles et de pincettes, poursuivent, jusque dans la rue, les Bavarois qui se sauvent à toutes jambes, stupéfaits et comme ahuris de cette résistance inattendue.

MERCREDI, 21. - Toujours des Bavarois! — Ils reçoivent enfin quelques provisions, mais la population, elle, est tout à fait affamée. Le froid, les veilles forcées, les privations excessives, tout cela se reflète sur les figures fatiguées et produit un spectacle navrant. Les ennemis s'en aperçoivent et quelques-uns partagent leurs modestes rations avec les familles qui les logent.

Mais, au château, quelque chose de plus désolant se passe. Pour la seconde fois, les cavaliers se sont emparés des greniers de M. de Béhague et y puisent, à pleins sacs, pour leurs chevaux. Le blé du château! mais c'est la principale ressource du pays après cette horrible invasion. C'est là que presque tous nos journaliers s'approvisionnent! Les employés se désolent; on supplie M. le Curé, qui se rend en toute hâte auprès du colonel, lui peint vivement les angoisses de la population et demande qu'il veuille bien donner des ordres pour qu'il y soit mis un terme. Le chef bavarois, von Ehrne, proteste de ses sentiments d'humanité; il n'a point, dit-il, l'intention de faire mourir de faim la population, mais sa cavalerie a un service très-pénible et il faut bien que les chevaux mangent quelque chose... Bref, il se rend. Son ordonnance monte au grenier avec un ordre. Les soldats sont obligés de les évacuer immédiatement, et une défense d'entrer est posée sur la porte pour l'avenir. Mais cela ne suffisait pas, les Bavarois pouvaient partir d'un jour à l'autre, et être remplacés par d'autres envahisseurs qui ne se feraient point scrupule de tout prendre.

Aidé du concours des principaux employés du château, M. le Curé obtient l'autorisation de mettre en sureté une partie de ce blé et le transporte au presbytère.

Les cavaliers bavarois, victimes de cette ruse de guerre, comme le *Raton* du bon La Fontaine,

N'étaient pas contents, ce dit-on.

Jeudi, 22. — L'occupation continue. Elle paraît même ne pas devoir cesser de sitôt. Des réquisitions de toute nature sont faites, sans le concours municipal, dans les fermes et les hameaux. Les soldats vont chercher des fourrages, ainsi que des vaches, jusque dans les communes, à deux et trois lieues à la ronde, qui ne sont pas occupées.

Le moulin et la boulangerie sont toujours aux mains des Allemands. Ils suffisent à peine à s'entretenir eux-mêmes; il est très-difficile que la population obtienne quelque chose. D'ailleurs, on n'ose conduire son blé au moulin, l'ennemi s'en empare presque toujours. C'est ainsi que chez le meunier — il n'y en a qu'un à Dampierre — il n'a pas été volé par eux moins de 60 hectolitres de blé.

M. l'abbé Pâris obtient encore du colonel bavarois la permission écrite de faire moudre, tous les jours, au moins un sac de blé pour la population. On fut assez heureux pour en faire moudre plusieurs. De sorte qu'on put distribuer du pain à tous, et en quantité suffisante pour les empêcher de mourir de faim.

D'un autre côté, chez M. de Béhague, on distribuait tous les matins des pommes de terre. Mais souvent, hélas ! ces petites provisions de la journée étaient enlevées par les ennemis avant qu'elles parvinssent à la maison !

C'est là surtout, pour une population inoffensive

qui sait garder, dans son malheur, la dignité du silence, le côté cruel et réellement sauvage de l'occupation allemande.

Vendredi, 23. — Ce matin, pour nous égayer, les Prussiens s'avisent de rentrer dans nos maisons, chaussés de gros sabots blancs, à peine dégrossis. C'est l'indice que la boutique de M. Lebrun, adjoint, vient de tomber au pouvoir de l'ennemi. — Le soir, la cavalerie bavaroise de Dampierre permute avec la cavalerie d'Ouzouer. Un certain nombre de fantassins de la Bavière nous restent. Les nouveaux cavaliers sont des hussards bleus, appartenant, pour la plupart, au Sleswig-Holstein et au Hanovre. Une capote noire, à peu près semblable à celle des autres allemands, recouvre leur uniforme qui est assez élégant. Une toque noire avec une sorte de panache jaune retombant sur l'oreille, telle est leur coiffure.

De même qu'en général les bavarois sont tous catholiques, ceux-ci sont en grande partie protestants.

Samedi, 24 décembre. — C'est aujourd'hui la veille de Noël. Les Prussiens font des préparatifs de fête. En Allemagne et dans le Nord, Noël est par tradition la grande fête, fête religieuse et fête de famille. C'est le jour des étrennes. Nos vainqueurs s'en souviennent, et pour que

Rien ne manque au festin,

ils s'en vont dans les fermes et font main basse sur ce qui reste de volailles : dindes, oies, poules, canards, tout y passe.

Les divers escadrons dressent des *Arbres de Noël* dans le château et dans les salles de classe des Sœurs.

Cet « arbre de Noël » est un petit sapin qu'ils plantent sur une table au milieu d'une pièce décorée *ad hoc,* et auxquelles ils suspendent mille choses : des pâtisseries, des fruits, des oranges, des jouets d'enfants, etc. Le tout est entremêlé de guirlandes et de nombreuses bougies. La salle, ainsi décorée, et illuminée, présente quelque peu l'aspect d'un salon.

Les Allemands se rangent en ordre autour de leur *arbre de Noël*; ils parlent de leur pays, de leurs familles que cette fête leur rappelle; ils boivent à la santé de la patrie et des parents, accueillent avec douceur et politesse, chose inconnue jusque-là, tous ceux qui se présentent : en un mot, c'est pour eux une trêve, une véritable soirée de famille d'où la guerre et ses horreurs sont bannies pour ne laisser place qu'à l'intimité et à toutes les joies du foyer.

Dimanche, 25 décembre. — Jour de Noël. A l'église, pour nous, point d'offices solennels; personne, ou presque personne, ne pourrait y assister.

Messes basses dans la matinée. Les Bavarois et les autres allemands catholiques s'y rendent, et s'y tiennent parfaitement.

À onze heures, réunion des Protestants (Danois et Hanovriens). Sur la demande de leur chef, toute la partie de l'église en dehors du sanctuaire est mise à leur disposition. Elle est littéralement pleine de soldats.

La cérémonie s'ouvre par l'exécution instrumentale et vocale d'une sorte de *Kyrie* en musique dont l'harmonie grave, suppliante, rend bien le caractère et l'accent de la prière.

Le colonel, à défaut de ministre, fait ensuite la lecture de la Bible qu'il commente par quelques réflexions.

Le tout est en allemand et dure à peine une vingtaine de minutes; puis la musique recommence, et la séance est levée.

Comme ce prêche protestant est froid et vide! Si l'on en retranche la musique, qui n'est qu'un ornement, que reste-t-il comme culte?

Comparés à cela, de quelle poésie et de quel charme divin ne sont pas nos offices catholiques, lorsque, en présence de Dieu même, ils s'accomplissent avec toute la majesté et la splendeur de nos grandes solennités!

LUNDI, 26. — Départ des troupes à 8 heures. La cavalerie marche sur Gien et sur Briare; l'infanterie va rejoindre celle d'Ouzouer, pour de là remonter en se dirigeant vers la forêt.

Il y a deux jours que ce mouvement devait avoir lieu; mais l'ennemi a tenu, dit-il, à passer ses fêtes à Dampierre, *de peur d'avoir à se battre, le jour de Noël.*

Enfin, le joug de fer nous est encore une fois enlevé. Nous pouvons nous mouvoir et respirer un peu.

Considérable distribution de pain. Les pauvres des hameaux ne sont plus retenus par les sentinelles : ils arrivent avec des figures amaigries qui font pitié.

Qui donc se fût douté que l'occupation militaire d'un pays eût pu devenir si cruelle ?

J'ose dire que le séjour prolongé des ennemis dans une localité est plus douloureux qu'un combat. Le combat, si vif qu'il soit, n'est que l'affaire d'un moment. Quelques toitures effondrées, quelques pans de mur abattus ou écornés, voilà les dégâts matériels. Assez rarement, grâce à Dieu, la population est atteinte. C'est comme un coup de foudre qui éclate : mais le soleil ne tarde pas à se montrer derrière la nue qui se dissipe.

L'occupation, au contraire, est comme un martyre continuel. Les ennuis, les tracasseries, la fatigue, les privations peuvent, à la longue, devenir telles que la mort s'ensuive. Nous en avons vu bien des exemples dans nos environs, notamment à Ouzouer où « *six* personnes sont mortes par suite d'émotion, et *quinze* par suite de misères et de mauvais traitements (1). » Qu'ils sont à plaindre ces pauvres pays de la Beauce qui ont eu à souffrir et de l'occupation et des combats !

Dans quelques maisons, le pillage, la dévastation sont si considérables que les propriétaires ont à peine le courage d'y rentrer.

Le château de M. de Béhague est laissé dépouillé. Presque toutes les couvertures ont disparu. Garde-robe, cave, sellerie, remises, écuries, tout est vide.

Les bouteilles qui restaient au moment du départ ont été emballées et emportées par les hussards bleus. Ils ont également enlevé de l'argenterie.

Depuis deux jours, ils s'étaient emparés de toutes les clefs au château, maltraitaient les employés, les interrogeaient perfidement sur la fortune de leur maître. Ils allèrent même jusqu'à s'enquérir de ses opinions et de ses sentiments privés. C'était une véritable inquisition !

La *Ferme*, cette création si vaste et si complète de M. de Béhague, dont les succès en agriculture sont connus de la France entière, est à remonter presque à neuf. Ses bergeries, sa spécialité actuelle, étaient pourvues de près de deux mille moutons de ces races précieuses, qu'il a su si intelligemment améliorer et approprier aux besoins du pays, — elles ont été rava-

(1) Note de M. Auguste Lambert, Receveur des Domaines à Ouzouer-sur-Loire.

gées! De ses porcheries et de ses basses-cours il n'est absolument rien resté.

2 *heures* 1/2. — Décidément, c'est une véritable fatalité : voici encore les impitoyables « hussards » qui nous reviennent !

C'est pour la deuxième fois que l'ennemi échoue devant Briare et qu'il est forcé d'évacuer Gien.

En nous disant ce matin qu'ils *allaient coucher à Briare,* les hussards comptaient sans les francs-tireurs et *les mobilisés* de la Nièvre qui leur ont *descendu* trois hommes, fait un prisonnier, et, environ une quinzaine de blessés.

A leur retour, ils sont furieux.

Quel malheur que les Français n'aient pas essayé de les prendre : ils n'étaient que *trois cents* et n'avaient point de canons.

MARDI, 27. — De bonne heure, cette poignée de cavaliers, qui s'étaient rabattus sur Dampierre, s'ébranle de nouveau et s'en va cette fois dans la direction d'Orléans. Ils entraînent tout avec eux, morts et blessés. Ces hussards semblent nous dire pour le coup un *adieu éternel.* — Tant mieux ! Puissions-nous ne jamais les retrouver que *chez eux* ou... dans la vallée de Josaphat !

Le pays est désormais si malheureux que ni eux ni leurs frères peuvent bien n'y plus revenir.

Du reste, ils n'ignorent point à quel degré de misère leur longue occupation nous a réduits; et, à l'occasion, ils ne craignent pas d'en faire l'aveu.

Le fait suivant le prouve :

En rentrant à Dampierre hier au soir, le colonel von Heintz s'est présenté chez M. le Curé et lui a remis *cinquante* francs en lui disant : « Voilà pour vos pauvres. »

Cette libéralité inattendue parut singulière; nous ne pûmes en découvrir la cause qu'après leur départ.

En revenant de Gien, les Prussiens avaient rencontré près de la ville un jeune homme avec un fusil. Ce jeune homme s'amusait à tirer quelques oiseaux. Ils veulent le faire condamner à *quatre* jours de prison. Le maire de Gien, l'honorable M. Sarra, demande que la prison soit remplacée par une amende. L'ennemi exige *cent* francs! M. le maire se récrie : — « Eh bien! cinquante francs, dit le colonel, pour les pauvres de Dampierre »

On les versa; et, chose étonnante! comme on l'a vu, ils furent fidèlement remis.

MERCREDI 28. -- Point de Prussiens. On peut enfin sortir et s'informer de ses voisins. Nous allons à Ouzouer. Là, nous voyons tous les dégâts occasionnés par le combat du 7. — Parmi toutes les maisons atteintes par l'artillerie, on nous en fait visiter une comme curiosité, où l'action de la Providence est visible.

Dans une petite chambre de quinze à dix-huit mètres carrés, une famille de huit personnes était groupée autour du foyer, au moment de la canonnade. Un obus prussien perce tout-à-coup le mur par derrière, y fait une trouée d'un mètre de diamètre à l'intérieur (mesure prise) et vient éclater au milieu de la chambre. Les vitres volent en éclats, le plafond se soulève, les murs sont labourés. Un pan même de la cheminée est emporté, et, chose merveilleuse! personne dans la maison n'est atteint! Un petit enfant d'un mois dormait dans son lit. Le lit fut renversé, les rideaux et les couvertures mis en pièces, mais l'enfant lui-même n'eut pas le moindre mal.

Cette préservation tient du miracle. Aussi la pauvre mère encore tout émue, nous disait en nous montrant son enfant dans ses bras : « C'est sans doute ce petit ange qui nous aura valu d'être préservés de tout malheur(1) ! »

Du reste, nous avons la douleur de constater qu'à Ouzouer, tout autant qu'à Dampierre, la misère et les souffrances de toutes sortes ont été à leur comble.

(Voir à la fin une note spéciale sur Ouzouer-sur-Loire.)

(1) Parole de foi qui, dans sa simplicité, rappelle involontairement ce passage des Écritures où le Seigneur blâme le prophète de ce qu'il ne veut pas le laisser pardonner à une grande ville « remplie d'enfants innocents. » (Jonas. 4. 4. 10 et 11.)

Jeudi, 29. — De nouvelles troupes prussiennes étaient descendues de Montargis sur Briare, et, dans la matinée il nous revient de toutes parts que l'on se bat au-delà de Gien. Vers midi, nous voyons passer une trentaine de prisonniers français avec escorte. Le bruit court que M. Anatole Despond, sous-préfet de Gien, est parmi les prisonniers. Nous nous précipitons après la voiture ; et, en effet, nous avons la tristesse de lui serrer la main à son passage sur le chemin de l'exil.

« Me voilà en route pour Berlin, nous dit-il, avec
« un calme plein de dignité. Depuis hier au soir, à
« à huit heures, je suis prisonnier... Comme j'ai re-
« fusé d'obéir aux ordres du général prussien qui ré-
« side à Briare, il me fait conduire sous escorte au
« prince Frédéric-Charles à Orléans, lequel doit sta-
« tuer sur mon sort... Adieu ! »

Nous lui dîmes simplement : « A bientôt ! » Nous espérions que le prince, mieux que le général de Briare, saurait comprendre qu'un sous-préfet français ne peut exécuter les ordres d'un chef prussien qui veut l'obliger à favoriser ses troupes et à faire réparer les routes pour la commodité de leur service. (1)

(1) Voici les pièces officielles, dont l'échange amena l'arrestation de M. Despond.

Le 28 décembre, le général H. Rantzau adressait à M. Despond la lettre suivante :

Briare, le 28 décembre 1870.

Monsieur le Sous-Préfet de Gien est requis d'enlever toutes les

Le 28 décembre et les jours suivants, Dampierre reste libre, mais le canon gronde au loin, vers l'est. L'horizon, du côté de Bonny et de Briare, est chargé « de points noirs. » Les francs-tireurs, qui ont déjà fait tant de mal aux Prussiens dans ces parages, ne sont plus seuls. Cette fois ils sont appuyés par les gardes nationaux mobilisés de la Nièvre et du Loiret. De leur côté, les Prussiens vont tenter un suprême

barricades sur les routes des environs et de faire rétablir la route de Gien-Dampierre et de Gien-Briare, de sorte qu'elle sera praticable pour l'artillerie et toutes sortes de voitures, jusqu'à demain, sous peine de représailles.

Le général de brigade,
H. RANTZAU.

M. Despond répondit :

Gien, le 28 décembre 1870.

Monsieur le Sous-Préfet de Gien informe M. le général de brigade qu'il ne peut obéir à la réquisition qui précède.

Représentant dans l'arrondissement de Gien du gouvernement français, il méconnaîtrait ses devoirs et serait blâmable, s'il donnait des ordres contraires à ceux qui émanent de ce gouvernement.

Le Sous-Préfet de Gien,
Signé : A. DESPOND.

Le soir même M. Despond fut arrêté par un officier porteur de l'ordre d'arrestation qui suit :

Briare, le 28 décembre 1870.

Monsieur le Sous-Préfet de Gien sera immédiatement arrêté et conduit à Orléans pour avoir refusé d'obéir à l'ordre qui précède.

Le général de brigade,
H. RANTZAU.

effort, car ils sont humiliés de n'avoir pu jusqu'ici pénétrer dans ce quartier. La lutte doit donc être très-vive.

Du 1er Janvier au 3. — Quelques compagnies d'infanterie prussienne passent à Dampierre pour aller au secours. Des convois de vivres et de munitions ne cessent également d'être dirigés sur Gien depuis le 29 décembre.

Il paraît que l'ennemi a éprouvé des pertes très sérieuses dans les engagements successifs qui ont eu lieu tous ces jours derniers. On dit que la lutte aurait commencé vers Cosne et ne se serait terminée qu'à Gien où les Prussiens se sont repliés.

Mardi, 3 Janvier. — A la tombée de la nuit, un lieutenant prussien nous arrive d'Orléans avec une voiture, un cercueil, un plombeur et un interprète. Il réclame le corps du jeune « Von Wedemayer » tué à Ouzouer et enterré à Dampierre.

On requiert quatre hommes pour ouvrir la fosse et l'on se rend au cimetière. Après beaucoup de peine pour l'exhumation, parce que la terre est profondément glacée, on obtient enfin le cadavre dans un état de conservation presque complet.

Le lieutenant, qui est un de ses anciens camarades de classe, pour s'assurer de son identité, l'examine avec le soin le plus minutieux, lui lave lui-même le visage, et lorsqu'il parvient à reconnaître les traits défigurés de son ami, il ne peut s'empêcher de verser d'abondantes larmes.

C'est ainsi que la guerre a des douleurs pour les vainqueurs tout aussi bien que pour les vaincus !

La tête du dragon prussien était toute bleuâtre et sanglante; les balles dans le front étaient nombreuses; le coup de sabre dans la gorge y avait laissé une ouverture béante...

On ferme avec toutes les précautions désirables le double cercueil de zinc et de chêne; et, après avoir payé avec une largesse princière toutes les dépenses relatives à son voyage, le lieutenant allemand reprit, vers dix heures du soir, le chemin d'Orléans. Un train spécial devait emmener le lendemain matin vers la Prusse les restes de ce jeune homme de 21 ans qui appartient, dit-on, à une des plus nobles et des plus riches familles du Brandebourg.

Dans l'ignorance absolue où nous nous trouvons sur ce qui se passe à quelques lieues de nous et dans le reste de la France, nous sommes tout étonnés d'apprendre de l'interprète, — qui est un habitant d'Orléans, alsacien d'origine, — que la ville de Tours est tombée aux mains des Prussiens; que le bombardement de Paris est commencé depuis le 30 décembre, et que depuis lors, plus de 600 pièces de siége ne cessent de tonner jour et nuit sur la grande ville.

Il ajoute, en ce qui concerne Orléans, que la ville est écrasée et définitivement épuisée par le retour des Prussiens. Les Orléanais sont obligés non-seulement de loger les ennemis, mais de les nourrir ! Mgr Dupanloup serait prisonnier depuis la reprise, ainsi que le préfet, M. Pereira. L'évêché, les séminaires, toutes les écoles et les communautés de la ville seraient encombrés de blessés des deux nations. Le prince Frédéric-Charles est intraitable. Rien n'égale sa violence et ses excès. Il y a quelques jours, en recevant une nouvelle désagréable, — peut-être celle de la retraite de Gien, — il eût un tel accès de colère qu'il brisa du poing une petite table de marbre (d'autres disent une glace) à l'Hôtel de la préfecture où il loge.

L'interprète nous affirme que, par suite des nombreuses batailles qui ont eu lieu dans l'Orléanais, les campagnes de la Beauce et du Blaisois sont remplies de cadavres, tant français que prussiens. Ils sont enterrés dans les champs, dans les vignes, dans les jardins, aux pieds des arbres, partout !

Ce serait quelque chose comme les immenses cimetières qui s'étendent autour de Metz et de Sedan !

Dimanche, 8 janvier. — Nous recevons enfin des nouvelles de M. Anatole Despond. Hélas ! elles sont bien tristes, et nous nous trompions étrangement lorsque nous osions compter sur l'équité du prince Frédéric-Charles ! M. le Sous-Préfet, après avoir été retenu deux jours à l'Hôtel-de-Ville et gardé à vue, s'est vu tout à coup, sans être entendu du prince, diriger sur la Prusse. A l'heure qu'il est, il supporte déjà les rigueurs de l'exil, interné dans une forteresse, près de Dantzig.

Cette mesure, aussi lâche qu'inique, portera l'indignation en même temps que la douleur dans le cœur de tous les habitants de l'arrondissement de Gien, où M. le sous-préfet Despond est universellement estimé.

De onze heures du matin jusqu'à la nuit, nous entendons dans la direction de Paris des détonations formidables. Comme le vent est favorable, nous pensons que ces coups peuvent provenir des énormes pièces de siége de l'ennemi.

Du 6 au 15 janvier, continuelles escarmouches pardessus la Loire, entre les francs-tireurs de la rive gauche et les Prussiens de la rive droite. Par suite, toutes les communications que l'on pouvait encore avoir entre les deux rives deviennent impossibles. Depuis longtemps déjà, le passage était interdit par les Prussiens, sous prétexte qu'il pouvait « favoriser l'ennemi. » Des patrouilles à cheval parcourent sans cesse le val et coulent toutes les barques qu'elles aperçoivent. Trop heureux sont les « passeurs » eux-

mêmes, lorsque les cavaliers ne les atteignent pas !
L'autre jour, le passeur de *la Ronce* a failli être tué
au milieu de la Loire. — Les énormes glaçons que
charrie en ce moment le fleuve, rendent d'ailleurs le
passage aussi dangereux que les balles prussiennes.

Nous voilà donc absolument isolés, sans correspondance aucune ! Plus de nouvelles du dehors ni
même de nos voisins ; plus de relations, plus de
vivres ! La vie est bien dure dans ces conditions. Des
Prussiens partout, des Prussiens toujours, cela exaspère. On se demande avec effroi s'il y a encore un
coin de la patrie qui soit libre ; ensevelis vivants
dans nos demeures comme dans des tombeaux. « Où
en sommes-nous ? » se demande-t-on de toutes
parts. Et personne ne peut répondre ! — Le besoin
d'être renseigné et de savoir si l'on peut espérer
encore s'impose de plus en plus. On épie le moment
où il sera possible de tromper la surveillance prussienne et de faire arriver quelqu'un jusqu'à la rive
française.

Vers le 12, un fort dégel étant survenu, et avec
lui, un peu d'espoir, nous en profitons, un petit
compagnon et moi, pour tenter le passage. Il était
cinq heures du matin, la nuit nous enveloppait, nul
pied lourd d'Allemand ne troublait encore le silence du
val. Nous atteignons tranquillement Saint-Gondon.
Mais, hélas ! personne ne put nous donner d'assurances. Là aussi, sans être écrasé par le joug ennemi,

l'on se trouvait privé de presque toute communication. Le vide, un vide affreux ! avait été fait tout autour de l'ennemi !

Nous n'apprîmes que quelques détails sur le combat de Nevoy, livré le 7 décembre entre Gien et Dampierre, combat que les habitants de la rive gauche avaient vu de beaucoup plus près que nous. De Saint-Gondon ils entendaient, non-seulement la canonnade et la fusillade, mais lorsque la nuit vint, ils aperçurent très-distinctement se croisant dans l'air les obus prussiens et les obus français. — Quelques-uns même, traversant la Loire, tombèrent jusque sur le territoire de cette commune, non loin d'un groupe de spectateurs, que ce simple combat épouvantait et qu'ils appelaient dans leur frayeur « une grande bataille. »

Vers la nuit, nous quittâmes M. le général Marcel, dont la résidence est sur les bords mêmes de la rive gauche de la Loire (1), et nous pûmes repasser sans accident le fleuve, une demi-heure après que la fusillade habituelle eut cessé de se faire entendre.

Le 14 janvier, vers le soir, le premier régiment de la Hesse qui occupait Gien depuis les affaires de la fin de décembre, se replia tout à coup sur Dampierre à la suite d'un nouvel engagement près de Briare. Craignant une poursuite des troupes françaises, — qui n'eut pas lieu, — l'ennemi avait l'ordre

(1) L'honorable général Marcel est aujourd'hui en retraite, et est, depuis plusieurs années, maire de Saint-Gondon.

de marcher pendant une grande partie de la nuit, et de ne s'arrêter qu'à Châteauneuf, où se trouvaient en réserve les trois autres régiments hessois avec leur artillerie. N'étant point inquiété sur ses derrières, il se contenta d'aller jusqu'à Ouzouer.

Les 1,500 ou 2,000 hommes, — parmi lesquels beaucoup de francs-tireurs, — qui venaient, pour la troisième fois de chasser l'ennemi de Gien, appartenaient aux mobilisés de la Nièvre et du Loiret, formant, sous les ordres du général Du Temple, l'aile gauche de l'armée de Bourbaki.

Un peu de précipitation dans l'attaque ou un retard du gros de la colonne fit échouer le projet du général, sans cela la capture de tout le régiment hessois était complète. Ceux-ci, s'apercevant que le mouvement tournant des Français allait tout à l'heure les envelopper, forcèrent le feu comme pour repousser et briser le centre de l'attaque, puis s'échappèrent tout à coup par l'issue restée libre.

Du reste, voici sur cette affaire la dépêche officielle du général commandant l'état de guerre dans la Nièvre et dans l'Yonne, M. de Pointe de Gévigny. Je la trouve dans « l'ordre général » du 21 janvier, qui m'est communiqué par un mobilisé de Dampierre, et que je copie textuellement :

« Pour la troisième fois et sur les mêmes points,
« la division de la Nièvre vient d'obtenir un éclatant
« succès sur l'ennemi.

« La colonne de gauche, sous les ordres de M. le
« général Du Temple, après avoir, deux jours de
« suite, battu et culbuté l'ennemi, chassé de toutes
« ses positions, l'a forcé à évacuer Gien que nos ba-
« taillons occupent, tandis que sur toute la ligne
« les colonnes ennemies sont en retraite sur Mon-
« targis et Orléans.

« L'ennemi a fait des pertes sérieuses. Plusieurs
« officiers prussiens ont été tués, entre autres le
« colonel baron von der Hop.

« Pendant que ces faits glorieux pour la division
« de la Nièvre se passaient à l'ouest, les francs-
« tireurs commandés par le commandant Robin,
« faisaient essuyer à l'ennemi, essayant d'entrer à
« Avallon (Yonne), des pertes sensibles à Avallon.
« L'ennemi a laissé sur le lieu du combat ses tués,
« que le commandant a fait ramasser.

« Le général de division commandant supérieur,
« adresse à chacun ses félicitations, et il sera heu-
« reux de transmettre au Ministre des propositions
« pour des récompenses dignement méritées.

« *Nevers, 15 janvier 1871.*

« Le général de division commandant l'état de
guerre de la Nièvre et de l'Yonne,

« Signé : DE POINTE DE GÉVIGNY.

Pour copie conforme :
« Le colonel,

« Signé : DE CETTO, commandant supérieur à Neuvy. »

Le lendemain dimanche, 15 janvier, le deuxième régiment de la Hesse s'avança de Châteauneuf-sur-Loire, où il se tenait en réserve jusqu'à Ouzouer-sur-Loire. Les avant-postes furent même poussés jusqu'aux portes de Dampierre. Vers onze heures ou midi, une reconnaissance à pied de trois Prussiens pénétrait dans le bourg et montait gravement par la rue du milieu. De son côté, et au même instant, un chasseur français arrivait de Gien en éclaireur, et s'avançait au galop par la même rue, malgré les avertissements et les gestes significatifs de la population. Au détour, tous se trouvent face à face, et à une distance de trente pas.... Un frisson s'empare de tout le monde. Les trois Allemands eux-mêmes à cette rencontre inattendue, restèrent interdits. Ce ne fut qu'après quelques secondes d'hésitation que l'un d'eux, encore tout tremblant, put faire feu. La balle, longeant toute la rue, siffla aux oreilles du grand nombre de personnes qui se trouvaient sur les trottoirs et vint tomber aux pieds de quelques enfants près de l'école des frères, mais elle n'atteignit point notre jeune et courageux cavalier qui, en les apercevant, avait immédiatement tourné bride, piqué des deux, et disparu comme un éclair dans la direction de Gien.

Il paraît que cette reconnaissance, extrêmement hardie, n'avait point été commandée par l'autorité supérieure, car dans l'ordre de l'état-major du

22 janvier, on trouve le rapport qui suit, signé du commandant supérieur, M. de Cetto :

« Huit jours d'arrêt sont infligés au lieutenant-colonel, pour avoir directement envoyé une dépêche au général de Pointe, sans la faire passer par son chef immédiat, le colonel de Cetto.

« *Toute espèce de reconnaissance qui ne sera pas ordonnée, est formellement défendue.* »

Quoi qu'il en soit, dix minutes après l'escapade de notre cavalier, le poste d'observations de l'armée hessoise était transporté dans Dampierre même, et le lendemain deux compagnies occupèrent le pays militairement.

C'est alors que nous sommes entrés dans la phase la plus pénible de notre esclavage, période néfaste et sanglante, dont le seul souvenir arrache des larmes, et qu'on pourrait appeler justement la *période de la Terreur*.

A la honte éternelle des soldats hessois, et du capitaine Buff qui les a laissés faire, trois hommes innocents, honnêtes pères de famille, sans armes, sans provocations, ont été lâchement assassinés par eux avec une férocité qui a fait frémir d'indignation le pays tout entier.

Ces malheureuses victimes sont les nommés : *Jean Pressoir*, âgé de 39 ans ; *Jean Léger*, 37 ans ; et *Charles Noble*, d'Ouzouer, 22 ans !

Le premier a été fusillé sur le seuil de sa porte en

défendant sa femme qui protégeait son poulailler. — Pressoir était un ancien palefrenier de M. de Béhague et un excellent ouvrier. Il laisse un enfant.

Le deuxième était un fermier. Cet homme a été fusillé sur le simple soupçon, sans preuves, de complicité avec des francs-tireurs. La ferme tout entière de la Borde a été incendiée; ses quatre chevaux lui ont été pris; toutes ses vaches lui ont été emmenées, et celles qui n'ont pas été abattues sur place, ont été expédiées pour le ravitaillement de l'armée faisant le siége de Paris.

M. de la Sorinière, maire de Dampierre, à qui appartenait cette ferme et presque tous ces bestiaux, ne perd pas moins de 15,000 fr. de ce seul coup.

L'infortuné Léger laisse après lui sa femme et quatre jeunes enfants dont l'un est encore à la mamelle.

On ose à peine entrer dans les détails de la fin cruelle de ce malheureux fermier. — Ces barbares, après avoir mis le feu aux quatre coins des bâtiments, arrachèrent leur victime des bras de sa femme et de ses enfants, lesquels furent roués de coup pour refus de se séparer d'un mari et d'un père. Malgré son innocence certaine, malgré les gémissements et toutes les supplications de sa pauvre femme et de ses enfants désespérés, Léger fut entraîné dans les bois de Marchais-Creux (1) et fixé au pied d'un arbre sur le bord

(1) Propriété de M. Louis de Bray, capitaine de la mobile.

de la route nationale de Dampierre à Gien. Une double décharge ne l'atteignit qu'imparfaitement. Léger, recueillant ses forces, voulut fuir. Un troisième coup l'étendit baigné dans son sang. Un quatrième lui fracasse le crâne et le laisse raide mort. A l'heure où nous écrivons ces lignes, le sang de cet infortuné rougit encore le pied du bouleau qui le vit tomber, et semble crier à tous les passants qu'un tel attentat attend vengeance!

La piété de ses maîtres a élevé sur le lieu même du crime une humble croix dont la pose et la bénédiction ont eu lieu solennellement, le jour de l'Ascension dernière, en présence des deux communes réunies de Nevoy et de Dampierre. — Sur la pierre sont écrits ces simples mots qu'aucun voyageur français ne lira sans émotion :

A la mémoire de JEAN LÉGER, *dit* MARTIN,
fusillé en ce lieu par les Prussiens
le 22 janvier 1871.
Passants, priez pour lui!

Le troisième assassinat, commis par eux dans nos environs, s'est accompli au préjudice d'une famille tout à fait indigente de la commune d'Ouzouer. Un coup de fusil, dit-on, venait de retentir on ne sait comment dans les bois qui s'étendent entre Dampierre et Ouzouer. Trois Hessois, sur l'ordre du lieutenant Freimann, se mettent à la recherche; ils battent les bois dans tous les sens, et, ne trouvant point de francs-tireurs, ils s'en prennent à un pauvre jeune homme qui ramassait du bois pour sa famille sans pain et sans feu. Ils le tuent à bout portant : Noble avait été frappé au cœur!

Sa femme reste dans la plus grande misère avec deux petits enfants.

Ce n'est pas tout.

Outre ces trois assassinats et l'incendie de la susdite ferme de la Borde, ces impitoyables Hessois ont encore brûlé un moulin à vent, près de Nevoy, et la cantine du chemin de fer dans les bois du Verdier, sous prétexte toujours qu'il s'y logeait des francs-tireurs.

De plus, des hommes au nombre de sept, rencontrés par l'ennemi sur divers points de la commune, aux environs des bois, et pour cela seul soupçonnés de complicité avec les francs-tireurs, ont été arrêtés, conduits et retenus prisonniers, pendant une longue semaine dans le château de M. de Béhague, sous les yeux des officiers. Ils sont restés trois jours entiers debout dans un coin de la salle à manger, sans recevoir aucune nourriture. Les deux premiers jours ils ont été condamnés à la «schlague», et il est avéré qu'en ce laps de temps ces malheureux hommes n'ont pas reçu moins de *soixante-douze* coups de bâtons chacun!

« C'était à en mourir! » me disait plus tard un de

ces hommes, déjà sur l'âge, en me montrant ses jambes enflées et toutes meurtries. Ce brave homme n'avait évidemment rien de belliqueux dans ses paroles ni dans ses manières; les prussiens ne pouvaient donc s'y tromper.

Jamais barbarie ne s'était accomplie avec plus de calcul et plus de sang-froid! (1)

A la suite de tous ces malheurs, occasionnés, par la présence de quinze à vingt prétendus francs-tireurs, venus de Gien, déguisés en paysans, et embusqués dans nos bois, le général Rantzau, résidant à Ouzouer, fit publier et afficher dans tout le canton la proclamation suivante :

PROCLAMATION.

« Il est arrivé dans les dernières journées, que,
« sur le territoire des communes environnantes, des

---

(1) Ces malheureux étaient menacés d'être fusillés. Ils ne durent leur salut et leur liberté qu'à l'intervention énergique de M. le Curé.

Voici les noms de quelques-uns de ces hommes : Girard, Louis, cultivateur, à Dampierre; Hamard, Vrain, domestique, à Dampierre; Célestin Bilérot; le père Jacques Roseau; un nommé Thierry, de Gien, tous trois travaillant au chemin de fer, ainsi que deux autres étrangers dont les noms n'ont pu nous être donnés. Le nommé Grillé, Jean-Baptiste, est, avec ces sept victimes, un des habitants de Dampierre qui ont été le plus maltraité. — Voir pour les autres personnes battues ou maltraitées par les Prussiens, la colonne d'observations, au tableau nominatif dressé à la fin.

« paÿsans (*sic*) ont tiré sur mes troupes. Sa Majes-
« té le roi Guillaume, au commencement de cette
« guerre a proclamé hautement que cette guerre
« ne serait pas faite contre les citoyens paisibles,
« mais contre les forces militaires régulières. — Le
« système des *francstireurs* (*sic*) établis, depuis en
« France, contrairement au droit des gens, a forcé
« mon Auguste Souverain d'ordonner aux comman-
« dants des troupes allemandes des mesures néces-
« saires, afin de réprimer ce système, qui n'est
« qualifiable que par le mot « meurtre. »

« Le général soussigné, commandant à Ouzouer-
« sur-Loire, prévient donc les communes que toutes
« les fois que des paysans ou des hommes non sol-
« dats tireront sur un militaire allemand, la com-
« mune respective sera non-seulement frappée d'une
« forte amende, mais que les maire et adjoints,
« *etc.*, *etc.* (*sic*) sont aussi menacés d'êtres emmenés
« comme ôtages.

« De plus les fermes, maisons, pp. desquelles des
« coups seront tirés ou dans lesquelles des armes
« ou francs-tireurs armés seront trouvés doivent
« être brûlées, et leurs propriétaires, *prêtants* (*sic*)
« leur concours aux *francstireurs* étrangers, de-
« vront être, selon les circonstances, *punis de peine*
« *capitale.*

» La présente proclamation devra être, dans la
« commune de Dampierre, affichée en copie à la

« maison communale ; le maire en outre est tenu de
« la porter, au son de la caisse, à la connaissance
« des habitants.

« *Le 23 janvier 1871,*

(signé) : RANTZAU. »

Malgré toutes ces précautions et ces menaces, les prussiens ne se sentaient pas en sûreté. Ils étaient sans cesse aux aguets, arrêtant tout le monde (1) et se retranchaient dans Dampierre avec une activité qui ramenait toutes les paniques et toutes les frayeurs passées. Du côté de Gien, toutes les issues étaient soigneusement gardées. Plus que jamais ils redoutaient une surprise. La consigne était très-sévère ; Dampierre était littéralement fermé par un cordon de troupes. Défense formelle était faite d'essayer de franchir ce cercle de fer.

Néanmoins la vigilance de l'ennemi fut trompée.

Dès le 19, deux espions détachés de l'armée française de Briare — c'était deux vrais francs-tireurs et des plus terribles — habilement déguisés par M. Tartarin, maire de Nevoy, encore un honorable prisonnier des prussiens (2), réussirent à s'introduire dans

(1) M. Philippe, entr'autres, notaire de Nogent-sur-Vernisson, a été retenu, dix heures, prisonnier, à son passage à Dampierre. Il n'a pu repartir qu'à la condition formelle qu'il n'irait point à Gien.

(2) M. Tartarin, pour son énergique attitude, a été enlevé de chez lui par l'ennemi et conduit jusqu'à Ouzouer, où il est resté prisonnier, deux jours, presque sans vivres.

les lignes ennemies à la faveur de leur rustique accoutrement et de leurs gros sabots. Ils étaient de Nevoy, disaient-ils, et venaient à Dampierre chercher des pommes de terre pour leur famille, chez M. de Béhague. Les défiants Hessois ne soupçonnèrent pas la fraude; ils se contentèrent de les retenir prisonniers dans le bourg comme tous ceux qui arrivaient du dehors. Tous ces prisonniers furent confiés à la garde de M. le Maire et de M le Curé qui « en répondaient sur leur tête » : c'était l'expression de l'ennemi.

Au bout de trois jours, une panique s'empare subitement des Hessois. Un poste de cinq hommes venait de leur être enlevé dans le val. Aussitôt retentit le clairon d'alarme, les sentinelles sont levées et la troupe ralliée. — Sans perdre une minute, nos francs-tireurs, que l'on venait de faire monter au clocher pour leur montrer la campagne et leur indiquer les chemins, s'esquivent prestement vers la forêt et peuvent aller ainsi, sans autre accident, porter à leurs chefs les résultats de leur périlleuse mission.

Les choses en étaient là. Nous semblions décidément voués à un coup de feu; les murs du parc et du jardin du château avaient été crénelés; la plupart des tables et des meubles de M. Béhague, en prévision d'une attaque, avaient été transportés comme marchepieds le long de ces murs. Tout enfin paraissait prêt pour un combat, lorsque, le mardi 30 janvier, vers midi, le commissaire de la ville de Gien, se présenta en parlementaire aux avant-postes prussiens, nous apportant dans les plis de son drapeau blanc la consolante dépêche qui suspendait nos angoisses et nous donnait une armistice de 21 jours!

Impossible de dire l'explosion de joie que cette nouvelle inespérée souleva de toutes parts. — Les habitants secouèrent leur tristesse et relevèrent la tête; les Prussiens poussèrent des « hourras. » Les hostilités cessèrent, les armes furent déposées. En un instant, l'aspect du pays fut transformé. Chacun goûtait avec la plus visible satisfaction le retour de cette Paix, si longtemps absente et si longtemps désirée! Car il faut bien le reconnaître, si dures qu'en fussent les conditions, *la Paix était devenue nécessaire.*

Le surlendemain, les troupes allemandes s'en allèrent à Châteauneuf chercher un cantonnement plus vaste et plus riche qu'à Dampierre qui se trouva totalement évacué le 1er février. — Ce n'était pas trop tôt, car pendant cette dure captivité les vivres étaient devenus si rares que — le fait est authentique et n'est malheureusement pas isolé — une pauvre famille de *cinq* personnes dut rester TREIZE jours sans manger un morceau de pain!

Du 1er février au 7 mars, nous avons encore eu de nombreux passages et même plusieurs séjours, entre autres d'*hommes du train auxiliaire,* dont la malpropreté repoussante et la filouterie méritent de rester proverbiales. — Il n'en a pas été ainsi des *vrais* Polonais que nous avons vus. — Je dis *vrais*, car beaucoup d'Allemands, pour être mieux accueillis, se disaient Polonais et ne l'étaient point. — Tous les habitants de Dampierre qui en ont logé, ont été frappés comme nous de la force de leurs convictions religieuses et surtout de leur profonde sympathie pour la France malheureuse. Ce n'est qu'avec la plus amère douleur qu'ils se sont vus — en dépit de leur histoire et de leurs sentiments traditionnels à notre égard, — armés pour nous combattre. Leur présence, malgré eux, dans les rangs ennemis ne sera pas une des moins étranges choses de cette funeste guerre d'outrage et de violence à tout ce qu'il y a de plus sacré.

Qu'ils soient au moins remerciés, ces frères de la Pologne, de leur sympathie pour nos malheurs et des larmes que nous les avons vus verser sur les victimes françaises que les fureurs prussiennes auraient pu leur faire immoler!

En résumé,

Dans nos pays que nous croyions abrités par l'*Armée de la Loire* dont nous avions vu la force et dont on nous avait dépeint le courage, l'invasion prussienne nous a surpris, s'étendant sur nous comme un torrent qui brise tout-à-coup une digue impuissante et se précipite à l'improviste à travers les champs et les campagnes. Semblable au flot de l'inondation, le flot prussien, en pénétrant partout, a brisé et entraîné tout. Si quelques rares épaves ont échappé au terrible naufrage, ce ne sont plus guère que des débris que leurs propriétaires osent à peine reconnaître.

En ce qui concerne Ouzouer et Dampierre, communes infortunées qui ont eu à supporter le joug de l'ennemi, pendant une captivité effrayante de trois mois entiers, on peut affirmer, sans exagération, que, en dehors des mœurs qui sont chez eux généralement irréprochables, il n'est sorte de vexations et de misères qui n'aient été faites à nos populations par les soldats allemands.

Excepté l'église de Dampierre qui a été constamment respectée, il n'y a guère, dans nos environs, d'édifices publics ou de maisons particulières qui ne conservent des traces de leur passage. Si l'on ajoute qu'à tous les désagréments de l'occupation prussienne se joignait cette odeur âcre, spéciale, *sui generis*, qui s'attachait à leurs pas; si l'on se rappelle ces cris, ces menaces, ces coups; si l'on songe à ces familles sans feu, sans pain; à ces hommes assassinés, à ces maisons incendiées, à tous les malheurs qui eussent pu fondre sur le pays sans la ferme et courageuse intervention de l'autorité tant religieuse que civile, on aura une idée du douloureux tableau que présentait, dans nos campagnes, l'inexorable domination prussienne.

Ici, qu'il nous soit permis, en terminant, de rendre un particulier hommage à l'esprit d'abnégation et de sacrifices personnels dont M. le Maire n'a cessé de donner le plus noble exemple en ces jours d'épreuves sans pareilles.

Héritier d'un nom justement honoré dans les fastes de l'épopée vendéenne; petit-fils et petit-neveu de martyrs de 93 (1), M. du Verdier de la Sorinière a été, depuis le premier jour de l'invasion jusqu'au dernier, l'homme de son devoir. — Abandonnant, dès le 7 décembre, son château et sa famille qu'il a été *trente-deux* jours sans revoir, M. le Maire s'est tenu constamment dans le bourg, sans logement et sans vivres assurés, prenant asile tantôt chez l'un, tantôt chez l'autre, mais toujours à la portée de l'ennemi, et prêt à se présenter, soit seul, soit avec M. le Curé, pour défendre la population contre les exactions prussiennes.

Comme la plupart de ses administrés, M. Maxime de la Sorinière est resté plusieurs jours sans manger de pain.

Des pommes de terre cuites dans l'eau ou sous la cendre, voilà toute la nourriture que les cohortes allemandes nous ont laissée pendant plus de quarante-

---

(1) On peut voir dans le tome III, de la *Vie des Saints personnages de l'Anjou*, par le R. P. bénédictin, Dom. Chamard, au § XV, intitulé : *Massacre du 10 février 1794*, la mort héroïque de Mme et de Mlles du Verdier de la Sorinière.

huit heures, réalisant ainsi la menace que nous avait faite M. de Bismark, dans une circulaire, d'être exposés prochainement à mourir de faim (1) — *La faim!* voilà par où notre cruel ennemi avait surtout juré de nous prendre. Strasbourg, Toul, Metz, Paris, et les cris de trente-six départements envahis, en sont la preuve.

La génération présente l'a vu ; que les générations futures ne l'oublient pas !

Impossible de dire l'état de délabrement dans lequel les dernières troupes ont laissé les principales propriétés du pays, notamment la propriété de M. de Béhague. Il n'y a pas jusqu'aux derniers lambeaux de cuirs de ses dernières voitures que les Hessois n'aient enlevés, avec leurs couteaux, pour en raccommoder leurs bottes ou en recouvrir leurs pantalons.

Enfin, un dernier trait qui achèvera de caractériser ces *soldats lettrés* et de les montrer sous leur vrai jour, c'est que, à la mairie de Dampierre, ils ont brûlé ou dispersé tout ce qu'ils ont pu découvrir des archives de la commune. Et du meuble qui les renfermait, veut-on savoir ce que ces vandales en ont osé faire ?

Une guérite sur la route de Gien !...

(1) V. *Histoire de Beaugency en 1870.*

NOTE COMPLÉMENTAIRE

SUR

L'OCCUPATION D'OUZOUER-SUR-LOIRE

FOURNIE PAR

M. AUGUSTE LAMBERT,

RECEVEUR DES DOMAINES A OUZOUER-SUR-LOIRE.

La commune d'Ouzouer-sur-Loire est assurément l'une des plus écrasées du département. Bombardée pendant une demi-heure, constamment occupée depuis trois mois, jour et nuit pillée : rien n'a manqué à son malheur, ou plutôt à son désastre.

Blé, vin, bestiaux, fourrages, bois, pommes de terre, etc., tout a disparu. — Bien des gens n'ont conservé de linge et de vêtements que ce qu'ils ont sur eux. — Dans plusieurs maisons, il ne reste plus que quelques meubles à demi brisés.

L'ennemi nous est arrivé le 7 décembre 1870 et ne nous a quittés que le 7 mars 1871. Il est tombé sur nous furieux après avoir essuyé un coup de feu à l'entrée du village, coup de feu qu'il nous a fait payer cher ! Pendant trente-cinq minutes les balles, les bombes, n'ont pas cessé de pleuvoir sur l'église, l'hospice et un grand nombre d'habitations. Il est vraiment prodigieux que personne n'ait été tué ou blessé. Le pays devait être brûlé.

La première semaine nous n'avons pas eu moins de 20 à 25,000 hommes à loger et à nourrir; le reste du temps toujours de 2 à 3,000. C'est beaucoup pour une commune de 300 feux. — Et encore ils se concentraient le plus souvent dans le bourg qui n'en compte que 150.

Les habitants ont souffert tout ce qu'il est possible de souffrir du froid, de la faim, des mauvais traitements et des privations de toutes sortes. Pendant un mois les 9/10 de ces pauvres gens sont restés sans se déshabiller ni se coucher, n'ayant pour toute nourriture que des pommes de terre, un peu de pain de seigle et de l'eau. Aussi Ouzouer n'est-il plus qu'un vaste hôpital. Grand nombre de personnes meurent d'épuisement. C'est ce que les médecins sont à même de constater tous les jours.

Comment venir en aide à tant de misères ? Les pertes dépassent ici 250,000 francs !

Cinq reliquaires de l'église ont été enlevés ; le tabernacle a été fouillé. Fort heureusement la sainte Réserve avait été retirée plusieurs heures auparavant.

Les classes des garçons et des filles ont été pillées ; le mobilier en grande partie brisé ; les livres, cahiers et registres, déchirés ou brûlés.

Pendant ces tristes jours chacun a fait son devoir.

M. Mareau, qui remplissait les fonctions de maire, M. Martin, curé-doyen d'Ouzouer, et les Sœurs hospitalières, ont été admirables de zèle et de dévouement ; enfin la population tout entière, par son attitude calme et digne, a prouvé que ses sentiments étaient à la hauteur de son malheur et de celui de la France.

A. LAMBERT.

Ajoutons, pour ne rien omettre de la vérité, que M. Auguste Lambert, qui rend si bien justice à tout le monde, dans la note ci-dessus, a fait preuve lui-même du meilleur patriotisme pendant l'occupation prussienne.

F^r LÉONTIN.

APPENDICE

I

RELEVÉ OFFICIEL DES PERTES

SUPPORTÉES PAR LA COMMUNE DE DAMPIERRE PENDANT SES TROIS MOIS D'OCCUPATION.

NATURE.	QUANTITÉ.	VALEUR.	OBSERVATIONS.
Avoine	1.000 hect.	14.000	
Foin, Luzerne, etc.	1.109 quin.	22.183	
Paille	1.437 —	23.000	
Blé	475 hect.	9.471	
Farine	100 —	1.800	
Orge	60 —	1.080	
Pomme de terre	906 —	5.438	
Graines de sainfoin, vesce, luzerne		1.200	
Matériel de ferme, outils d'ouvriers		15.325	
Abeilles	65 pan.	800	Tout ce qui était resté après les réquisitions françaises.
Chevaux	29	11.392	
Bœufs	9	3.690	
Vaches	56	11.320	
Moutons	956	15.296	
Volailles	2.212	4.424	
Porcs et viande de porcs	6.331 kil.	10.129	
Vins, eaux-de-vie, liqueurs, vins fins		18.653	
Objets divers de consommation		4.796	
Marchandises, épiceries, etc.		8.000	
Bois de chauffage et d'industrie		12.650	
Linge, couvertures et argenterie		14.580	
Dégâts, meubles brisés, bât. incendiés		44.294	
TOTAL DES PERTES		233.431	

Une contribution de guerre de 130,000 francs venait d'être imposée par l'ennemi sur le canton d'Ouzouer-sur-Loire. Dampierre devait fournir pour sa part 20,000 francs dans un délai prochain.

La municipalité, pour répondre par des chiffres à cette nouvelle iniquité, s'empressa d'établir un état approximatif des pertes sur les déclarations mêmes des habitants. Le total des dommages s'élevait à 355,000 francs, somme énorme pour une population de mille âmes environ. — Nous espérions bien que si l'autorité prussienne persistait à vouloir l'impôt, le chiffre de ces pertes ne laisserait pas de lui parler avec quelque éloquence en notre faveur.

Grâce à Dieu, l'armistice est venu ; et la somme n'a pas été exigée.

Le Conseil municipal s'est occupé, depuis, de contrôler le détail des pertes et de réduire les premières déclarations dans des proportions équitables. Il n'en reste pas moins un dommage minimum de 253,431 francs fait à la commune de Dampierre, et dont le tableau suivant donne la répartition officielle adoptée par la commission cantonale instituée en conformité de la circulaire ministérielle du courant de mars dernier.

II

LES PERTES DE LA COMMUNE

SE RÉPARTISSENT INDIVIDUELLEMENT COMME IL SUIT :

NOMS ET PRÉNOMS des PERDANTS.	RÉSIDENCE.	PERTE (1) individuelle.	OBSERVATIONS.
De Béhague (Am.), prop...	Château de Dampierre...	130.591	
De la Sorinière (M.), prop..	Château du Verdier......	300	M. de la Sorinière,
De Bray (Louis), propriét..	Château de March.-Creux.	5.211	ne perd pas moins
Roche (Abel), aubergiste...	Bourg.................	4.251	de 15.000 fr. par
Bézy Vrain, propriétaire....	Poreux	3.863	l'incendie de sa
Raimbault (Etienne), ferm..	Marchais-Creux........	3.567	ferme de la Borde,
Mad. v⁰ Pasquier, propriét..	Buissonreau...........	3.345	située à Nevoy;
Salmon (Hyacinthe), prop..	Breuillois	2.962	mais à Dampierre
Gericot-Dufour, boulanger..	Bourg	2.923	M. le Maire ne dé-
Issert (J.-B.), m. de bois...	Bourg :...............	2.418	clare qu'une perte
Regnier (Laurent), fermier.	Fouguif...............	2.314	de 300 fr.
Vᵉ Chardonnereau, fermière.	Buissonreau...........	2.262	
Viton (Florent), fermier....	Tabarderie	2.234	
Toison-Rose, fermier......	Aux Noues............	2.230	
Bobezeau (Laurent), prop..	Breuillois	2.144	
Huet (François), fermier...	Maison-Neuve	2.088	
Agogué (L.-J.), prop.......	Rochefort.............	2.037	
Bressier (Antoine), prop...	Montlévrier...........	2.001	
Lacroix (Hip.), maréchal....	Bourg	1.598	
Bézy (Alexis-Maximilien)...	Massés................	1.500	
Rousseau (Antoine)........	Fontenelle	1.462	
Brosse (Adrien)...........	Breuillois	1.364	
Pichery (Denis)............	Bourg	1.354	
Herveau, père.............	Bourg	1.310	
Michaut-Martin............	Vaux	1.309	
Girard (Amable)..........	Bourg	1.247	
Pautrat (François).........	Crépellerie............	1.252	
Bourgeois (Sébastien)......	Guérêts...............	1.239	
Bernard (Alexandre).......	Guérêts...............	1.133	
Girard (Victor), père.......	Bourg	1.094	
Dion (Pierre)..............	Massés................	1.006	
Lambert (Grandjean).......	Guérêts...............	1.006	
Rousseau (Alphonse).......	Breuillois	944	
Fichot (Pierre), charron....	Bourg	914	
Jouanneau (Léon), charron.	Bourg	907	
Verchère, père, sc.-de-long.	Bourg	852	
Bézy (Victor), domestique..	Chesnoy	832	
Boursin (Félix), vigneron...	Bourg	821	
Roy (Pierre)...............	Guérêts...............	793	
Léger-Martin..............	Froberts..............	761	
Girard (Amand), m. de vins.	Bourg	759	
Girard (Etienne), épicier...	Bourg	710	
A reporter........	....	202.908	

(1) Nous donnons les chiffres admis par le conseil municipal et par la commission cantonale.

NOMS ET PRÉNOMS des PERDANTS.	RÉSIDENCE.	PERTE individuelle.	OBSERVATIONS.
Report............	....	202.908	
Herveau, fils, aubergiste...	Bourg............	700	
Poulain (Jules)...........	Bourg............	700	
Rousseau-Quillet........	Chevallerie......	640	
Ve Prochasson, épicière...	Bourg............	628	
Breton (Victor)..........	Massés...........	619	
Dubois (René)............	Bourg............	604	
Lebrun (Etienne).........	Bourg............	578	
Bourgeois (Jacques)......	Muzeaux..........	573	
Thion-Roy................	Bourg............	568	
Clermont (Hip.), serrurier..	Bourg............	558	
Havard-Vrain.............	Guérêts..........	543	
Berneau (Pierre).........	Benne............	537	
Gruet (Jean).............	Bourg............	534	
Sené (Alexis)............	Benne............	530	
Bobezeau (Jean)..........	Bretonnière......	521	
Sisonneau, père..........	Muzeaux..........	506	
Socquin (Claude).........	Muzeaux..........	503	
Sebillon (Etienne).......	Lambinerie.......	501	
Bobezeau (Louis).........	Ruchèvres........	498	
Bezard (Simon)...........	Guérêts..........	488	
Leclainche (Guillaume)...	Bourg............	470	
Clément (Pierre).........	Bourg............	467	
Bobezeau (Vincent).......	Bretonnière......	453	
Gatelier (Ferdinand).....	Benne............	445	
Beaudin (Etienne)........	Benne............	444	
Raige (Jacques)..........	Fouguif..........	438	
Jourdain-Michaut.........	Guérêts..........	418	
Gauvin (Sylvain).........	Gabilons.........	412	
Bizot-Vrain..............	Benne............	401	
Guillat (François).......	Bretonnière......	400	
Veuve Bourgeois..........	Cocardière.......	396	
Boulmier (Sulpice).......	Massés...........	364	
Bourgeois (Jean).........	Muzeaux..........	393	
Chesné (Claude)..........	Corcambon........	392	
Chatouillat (Adèle)......	Bourg............	385	
Girard (Victor) fils.....	Bourg............	383	
Tlouzeau (François)......	Benne............	379	
Huré (Pierre)............	Rapille..........	371	
Girard-Crochet...........	Bourg............	369	
Michaut (Etienne)........	Guérêts..........	367	
Simon-Desbois............	Fouguif..........	360	
Grandjean (Philippe).....	Echevins.........	358	
Simon (Pierre) dit Quéteau..	Bourg............	358	
Gaudin (Maximilien)......	Paumerie.........	356	
Girard (François)........	Bourg............	343	
Guillot (Louis)..........	Pas-d'Ane........	342	
Verchère, fils...........	Bourg............	329	
Goyer-Romain.............	Bourg............	327	
Marchaud (Jacques).......	....	323	
Bonnet (Sylvain), maçon...	Bourg............	318	
Tavernier (François).....	Pont.............	308	
Michaut (Philippe).......	Guérêts..........	305	
Bonneau (Eugène).........	Garniers.........	302	
Appart (Thomas)..........	Corcambon........	300	
A reporter.............	....	216.933	

NOMS ET PRÉNOMS des PERDANTS.	RÉSIDENCE.	PERTE individuelle.	OBSERVATIONS.
Report............	....	216.933	
Fleuret (E.) emp. d. ch. d. f.	Bourg............	300	
Mareau (Benjamin)........	Bourg............	286	
Bellisson (Joseph)........	Bourg............	286	
Charneau (Baptiste)......	Muzeaux...........	280	
Lebrun (Louis)...........	Benne............	278	
Chevalier (Pierre)........	Froberts..........	275	
Luizard (Barthélemy)......	Crémetterie.......	274	
Camus (Alexis), cantonn...	....	272	
Nottin, père.............	Corcambon.........	271	
Lacroix (Claude-Napoléon).	Bourg............	267	
Beaudoin (Pierre)........	Echevins..........	267	
Jamet (Juste), maréchal....	Bourg............	266	
Veuve Loiseau............	Pontal............	239	
Veuve Gaurier............	Bourg............	240	
Bougihault (Jacques)......	Petit Chesnoy.....	239	
Roy (Jean), journalier.....	Bourg............	238	
Venon-Pelletier, cerclier...	Bourg............	235	
Guéridon (Antoine).......	Bourg............	228	
Jojon (Eloi), ouvrier......	Launay............	225	A reçu la schlague
Veuve Pierre Grandjean....	Bourg............	221	des Prussiens.
Roger (Eugène)..........	Paumerie..........	216	
Durand (Louis)..........	Bretonnière.......	209	
Goujon.................	Bourg............	204	
Couton (Joseph)..........	Bourg............	203	
Michaut (Joseph).........	Bourg............	202	
Guillet (Paul) domestique..	Marchais-Creux....	200	
Derriaux (Joseph)........	Au Mail...........	194	
Bourgeois (Claude).......	....	190	
Agogué (Alphonse).......	Brême-Pain........	190	
Mmigault-Tavernier......	Benne............	189	
Tissier (André), maçon.....	Bourg............	188	
Birèche (Alexandre)......	Chesnoy...........	185	
Veuve Bonneau...........	Bourg............	184	
Michaut (François).......	Baumace..........	184	
Dion-Vrain..............	Bourg............	182	
Veuve Sauvadet..........	Bourg............	180	
Chevallier (Denis)........	....	172	
Godeau (Jean)...........	Guérets...........	167	
Vervin (François)........	Bourg............	166	
Dumas (Joseph).........	Corcambon.........	161	
Bezy (Antoine)..........	Massés...........	160	
Mad. de Bray, mère.......	Chât. de Marchais-Creux..	152	
Doyer (Jean-Baptiste).....	Pallu.............	150	
Regnier (Auguste)........	Fouguif...........	150	
Patouhot (Jacques), jardi...	....	150	
Cottin (Pierre)..........	Pallu.............	150	
Chevallier (Vincent)......	Corcambon.........	149	
Jalouzet (Etienne)........	Tabarderie.........	118	
Satin (Etienne), meunier....	Grand Moulin......	147	
Bourgeois (François).....	Cocardière........	146	
Meunier (Victor).........	Benne............	146	
Rigault, père............	Bourg............	141	
Guérineau (E.), garde for..	Corcambon.........	130	
Veuve Bonne-Roy........	Bourg............	137	
A reporter...........	....	227.932	

NOMS ET PRÉNOMS, des PERDANTS.	RÉSIDENCE.	PERTE individuelle.	OBSERVATIONS.
Report........		227.932	
Veuve Bothelot........	Froberts.......	134	
Chauvet-Vrain........	Bérangerie.....	132	
Nottin (Auguste).......	Bourg.........	131	
Gauterot (Julien)......	Fouiguif.......	129	
Bourgeois (François-Jean)..	Pontat.........	126	
Barreau, berger.......	Garniers.......	126	
Cheron (Alexandre).....	Petit-Chesnoy...	124	
Guiltat (Victor).......	Bretonnière....	122	
Milon (Charles)........	Bourg.........	122	
Berdoulat, (François)...	Massés.........	118	
Dumas (Eugène).......	Bourg.........	116	
Rousseau (Jacques).....	Benne.........	115	
Leblanc (Jules)........		115	
Bernard (Etienne)......		115	
Jollet (Jean)..........		114	
Courtine (Désiré)......	Mâlerets.......	105	A reçu la schlague
Veuve Jourdain........	Poreux.........	103	des Prussiens.
Cantin (Etienne).......	Bourg.........	102	
Carré (Jean), journalier...	Bourg.........	101	
Patron (Pierre),........	Bourg.........	94	
Michaut (Pierre).......	Bretonnière....	91	
Veuve Camus..........		91	
Chatouillat (Alexis).....	Bourg.........	90	
Chatouillat (René), fils....	Bourg.........	90	
Chauvet (François).....		89	
Douineau (Philippe).....	Bourg.........	88	
Martin-Masse, garde.....	Brême-Pain.....	88	
Plançon (André)........	Bourg.........	87	
Coulon (Etienne).......	Bourg.........	87	
Changeux (Louis).......	Muzeaux.......	86	
Veuve Loiseau.........	Bourg.........	82	
Rigault (Basile)........	Bourg.........	80	
Veuve Simon-Doyer.....	Bourg.........	78	
Loth (Auguste)........	Bourg.........	77	
Veuve Desnoux........	Bourg.........	76	
Rousseau-Godeau......		76	
Godeau (Jules)........	Bourg.........	75	
Maçon (François)......	Bourg.........	71	
Veuve Michaut-Boucheron...		69	
Dion (Jean)..........		67	
Leblanc (Félix)........		65	
Veuve Puchat.........		65	
Rousseau-Chevalier.....		64	
Durand (Gabriel).......	Corcambon.....	61	
Veuve Grand..........	Benne.........	60	
Veuve Joseph Roy......	Massés.........	54	
Veuve Fleurot.........		52	
Veuve Gréau..........		52	
Montel (Désiré)........		52	
Veuve Pressoir........		52	Son mari a été fusillé
Lelouat (Théodule).....	Massés.........	51	par les Prussiens.
Veuve Robert.........	Bourg.........	50	
Rousseau (Pierre)......	Muzeaux.......	50	
Chatouillat (Vincent)....	Bourg.........	50	
A reporter........		252.692	

NOMS ET PRÉNOMS des PERDANTS.	RÉSIDENCE.	PERTE individuelle.	OBSERVATIONS.
A reporter............	....	252.692	
Chevalier (Jean)...........	....	50	
Clain (Louis).............	....	50	
Veuve Jarry.............	Bourg	48	
Antoine (Jacques)........	Lanoue	46	
Bourgeois (Pierre)........	....	43	
Bourgeois (Augustin).....	Aux Cadets.........	41	
Benoît (Joseph), garde.....	Château	39	
Dandineau................	....	39	
Chevallier (Louis).........	Bourg..............	36	
Prochasson (Pierre), g. ch..	Bourg	35	
Père Furet................	....	31	
Veuve Cheron (Isidore)....	Muzeaux	30	
Colas (Basile).............	Bourg..............	28	
Chevalier (Louis)..........	....	28	
Grelotte (Jean)............	Massés	27	
Veuve Chatiron...........	....	27	
Michaut (Désiré)..........	....	24	
Janvier Jean-Pierre........	....	24	
Fontaine, garde-forestier..	Molandon	22	
Jarry (Auguste)...........	....	22	
Veuve Marchaison.........	Froberts	21	
Sigonneau, fils	Muzeaux............	12	
Mère Labé................	....	11	.
TOTAL GÉNÉRAL...	....	253.431	

III

ADRESSE A L'ASSEMBLÉE NATIONALE

Dès le 22 mars, à l'occasion de l'insurrection de Paris, qui vient de couvrir la capitale de deuil et de ruines, le Conseil municipal de Dampierre adressa à MM. les Membres de l'Assemblée Nationale et du Gouvernement la protestation suivante :

Encore sous le coup des désastres et des ruines que l'invasion étrangère vient d'accumuler sur notre sol, nous apprenons, le cœur navré, qu'une lutte fratricide est engagée à Paris, et qu'une troupe de factieux obscurs, après avoir chassé le Gouvernement légitime, cherchent à déshonorer le pays en le poussant définitivement vers l'abîme.

En présence de cette situation exceptionnellement douloureuse,

Le Conseil municipal de la commune de Dampierre (Loiret),

A l'unanimité, et au nom de la population tout entière,

Déclare ne reconnaître d'autre Autorité souveraine en France que celle de l'Assemblée Nationale et du Gouvernement choisi par elle,

De plus,

Il proteste énergiquement, au nom du droit, de l'ordre et de la liberté, contre l'insurrection honteuse et sans objet, qui ensanglante la capitale, discrédite la France, et ne rencontre partout que le mépris, l'indignation et la plus complète réprobation.

Ont signé : JOUANNEAU, BRESSIER, BÉZY, BROSSE, COULON, ROUSSEAU, GIRARD, SALMON, LEBRUN, de DÉHAGUE, et DE LA SORINIÈRE, *Maire*.

Orléans. — Imp. Ernest Colas.

www.ingramcontent.com/pod-product-compliance
Lightning Source LLC
LaVergne TN
LVHW051500090426
835512LV00010B/2251